DISCOURS

Prononcé à l'Assemblée Nationale

SUR LE

PROJET DE CONSTITUTION

Par M. de Lamartine.

(Conforme au Moniteur).

PARIS,
MICHEL LÉVY, FRÈRES, LIBRAIRES-ÉDITEURS,
Rue Vivienne, 1.
—
1848.

Paris. — Imp. Lacrampe et Fertiaux, rue Damiette, 2.

DISCOURS

SUR LE

PROJET DE CONSTITUTION.

Messieurs, quelle que fût ma juste répugnance à remonter sitôt à cette tribune, je n'ai pu entendre hier et aujourd'hui, je ne dirai pas les attaques (j'interprète trop bien les intentions de mes honorables adversaires pour donner ce caractère à leurs paroles), mais je n'ai pu entendre les fausses appréciations, les atténuations, les amoindrissements de l'esprit, des intentions, des droits de la révolution de Février et de l'Assemblée nationale, qui en est sortie, sans demander la permission à l'Assemblée de venir, comme je le dois à plus de titres, peut-être, que beaucoup d'entre ses membres, confesser ici hautement cette révolution dans son droit, dans son principe, dans ses conséquences, et dire comme le soldat de Virgile : « *Me, me, adsum qui feci...* »

J'ajoute, comme mon honorable collègue le disait si éloquemment tout à l'heure, j'ajoute que je revendique ma part, non-seulement dans la République, mais dans les conséquences logiques, sages, populaires et en même temps conservatrices, qu'il a été dans l'intention de votre commission de constitution de promulguer dans son préambule. Si la République de Février ainsi conçue est un crime, que ce crime nous soit commun.

Messieurs, je rencontre au premier pas de cette discussion, et au premier rang, un jeune adversaire que je m'afflige d'y rencontrer, si je considère son talent, mais que je me réjouis de voir surgir avec une telle espérance comme un défenseur futur, non de ses doctrines d'aujourd'hui, au moins des vraies doctrines de la République.

Quant à mon honorable ami M. Cazalès, que j'ai le chagrin de venir combattre pour la première fois ici, je n'ai pas besoin de lui dire que, si sa pensée diffère de la mienne, je lui réponds avec le respect que je lui ai porté toute ma vie, car il est une de ces consciences qui peuvent différer de la mienne, mais qui ne s'égarent volontairement jamais.

Maintenant, messieurs, je passe à la discussion même.

On conteste d'abord à la commission et à l'Assemblée nationale, dont elle est l'organe, non pas seulement les termes, mais jusqu'au droit même d'écrire un préambule sur le frontispice de sa constitution. On semble, par là, vouloir, jusqu'à un certain point, diminuer, contester, réduire non-seulement la portée des paroles inscrites en tête de cette constitution, mais la portée même du grand acte populaire et patriotique d'où cette constitution est sortie. (Très-bien! très-bien!) Que l'honorable orateur qui présentait hier cette considération, la seule qui m'ait fait demander inopinément la parole, me permette de lui dire d'y réfléchir davantage. Eh quoi! y a-t-il quelque chose au monde de plus grand, de plus saint, de plus solennel devant Dieu et devant les hommes, que le spectacle d'une grande nation comme la nôtre, sortant pour ainsi dire de la poussière et des ruines d'une révolution encore récente, rassemblant avec toutes ses mains, avec le concours de tous ses efforts, les débris du gouvernement précédent, et les principes nouveaux surgis de la philosophie *nouvelle et du sein du peuple* inspiré de Dieu, pour en reconstruire péniblement les bases, pour rechercher laborieusement et religieusement, devant le pays et devant Dieu lui-même, les conditions durables de la nouvelle société que nous avons à fonder? Y a-t-il là quelque chose qui interdise à une commission, à une assemblée, de tenir le plus haut, le plus saint et le plus grand langage qu'il soit donné jamais à l'humanité de proférer? Messieurs, évidemment non! Est-ce que l'Assemblée constituante, qu'on rappelait tout à l'heure, a hésité devant ces scrupules que vous voudriez imposer à une assemblée, moins brillante, peut-être, parce qu'elle est plus jeune, mais qui aura, au moins, je l'espère, l'avenir, et l'avenir plus durable encore que ne l'a eu l'Assemblée constituante, car elle est fondée sur des vérités plus absolues?

Est-ce que le congrès américain, dont on vous parlait également, sans se souvenir de cet admirable germe des déclarations et droits que Francklin écrivait à côté même du Code de ses constitutions, a hésité? Ont-ils hésité, ces grands peuples, aux plus grandes époques de leur histoire, à faire précéder la codification politique de leur pays, de ces grands symboles, de ces grands principes, de ces grandes vérités générales qui illuminent de plus haut l'ensemble des lois secondaires, et qui, bien loin de leur enlever de leur dignité, de leur autorité, comme le disait tout à l'heure l'honorable préopinant, ajoutent à ces lois passagères, à ces lois temporaires, à ces lois locales, l'autorité de la vérité, de la justice, de l'équité éternelle, pour les faire respecter, non-seulement par ceux pour qui elles ont été écrites, mais pour les faire respecter par tous les temps et dans tous les lieux? (Très-bien! très-bien!)

Messieurs, après ces grands exemples et ceux que votre propre histoire vous a donnés à vous-mêmes, vous n'hésiterez pas à vous reconnaître, je ne dirai pas seulement le droit, mais le devoir, vis-à-vis des populations et des générations qui vous suivent, d'écrire le plus haut possible, le plus majestueusement possible, le plus saintement possible, comme vous l'avez dit, en présence de Dieu et du peuple français, de ce peuple présent et de ce peuple à venir, les grandes vérités dont l'Assemblée vous a chargés d'être les organes pour nous tous!

Eh! messieurs, si nous ne le faisions pas, cette considération me frappait tout à l'heure, si nous omettions d'inscrire ici, au sommet de notre constitution, quelles ont été nos intentions fondamentales, quelles ont été nos intentions profondes, nos révélations sociales, pour ainsi dire, en faisant la constitution que nous allons édifier, que pourrait-il arriver? Il pourrait arriver qu'après quelques années, après dix ans, vingt ans d'oblitération de nos souvenirs, d'effacement de ces grandes pensées, de ces grands sentiments et de ces grands enthousiasmes qui nous ont dominés à l'heure de la révolution créatrice, l'avenir ne reconnût plus ni ces intentions, ni ces enthousiasmes, ni ces pensées. Il pourrait arriver que, dans l'interprétation judaïque qu'on viendrait faire laborieusement ensuite, on donnât à chacun des articles un sens diamétralement opposé à l'esprit général que votre constitution veut leur assigner. Il pourrait arriver enfin qu'avec la liberté pour le peuple on fît du despotisme; qu'avec cette expansion pour les masses on fît de l'égoïsme social, et qu'on retombât peu à peu, faute d'une interprétation présente, vivante, toujours sous les yeux de ceux qui auront à appliquer ou à discuter vos actes, qu'on retombât dans ce passé dont il faut séparer l'avenir par cette inscription ineffaçable, éternelle, qui ne permettra plus de se tromper sur nos intentions et sur l'esprit de la révolution.

Je comprends que, quand il s'agit de faire un simple acte de légiste, d'inscrire simplement, comme le disait tout à l'heure M. Cazalès, *Sic volo, sic jubeo*, il ne soit pas besoin de ces commentaires ; c'est un fait pour ainsi dire matériel et brutal que l'injonction de la loi ; on s'y soumet parce qu'on s'y soumet ; on s'y soumet parce qu'on ne peut pas y résister. Mais est-ce la manière d'obéir à la loi que les circonstances toutes morales dans lesquelles nous sommes entrés doivent imposer à notre pays? Est-ce par l'autorité d'une seule parole, ou républicaine, ou dynastique, ou monarchique, ou populaire, que l'on enjoindra aujourd'hui aux hommes qui raisonnent tous, aux hommes sur lesquels un des articles de votre Constitution, de votre programme, doit faire rayonner à grands flots l'intelligence, et par conséquent la résistance et la discussion, est-ce par de tels articles sans commentaires, sans lumière, sans autorité morale, que vous viendrez imposer et que vous trouverez digne d'imposer l'obéissance aux populations? Non, Messieurs, non ; je comprends, je le répète, que des assemblées législatives puissent agir ainsi, elles qui ne font des lois que pour des circonstances, pour un temps, pour un jour; mais l'œuvre d'une assemblée constituante, l'œuvre pour laquelle nous sommes sortis du fond du pays, l'œuvre que nous sommes appelés à accomplir laborieusement et fidèlement ici avant de nous séparer, c'est précisément l'œuvre que, dès le premier jour, on voudrait vous interdire. Mais c'est la plus belle partie de votre œuvre que de recueillir dans les vérités générales qui sont passées à l'état de patrimoine commun du genre humain et de la nation, les parties applicables, les parties pratiques, les parties populaires, les parties véritablement imprégnées de ces traditions chrétiennes qu'on vous suppliait tout à l'heure d'infuser dans les articles de votre Constitution, et que, dans chacun des paragraphes, nous nous efforcerons d'incruster tellement avec le principe moral et religieux qui les inspire (j'entends religieux dans le sens libre et universel du mot), que la politique de la République soit pour ainsi dire indivisible de la philosophie religieuse; en sorte qu'au lieu d'être ce que vos orateurs semblent vouloir en faire, un mécanisme pur et un matérialisme en action, cette politique pratique de la République envers le peuple soit une religion, un véritable culte de la société envers elle-même ; oui, une religion de l'humanité envers Dieu. (Très-bien! très-bien!)

Messieurs, j'ajoute que, s'il y eut jamais une heure dans notre histoire où il fût de toute convenance, de toute nécessité d'inscrire au sommet de vos institutions futures vos pensées présentes, pour les immortaliser en institutions, c'est l'heure à laquelle nous avons l'honneur de discuter ces grands principes les uns avec les autres; c'est l'heure de faire faire à la Constitution française ce que la République de Février a fait le lendemain même de son origine, ce que la République de Février a fait sans se tromper, quoi que vous en disiez, excepté dans les questions de détail, qui s'éclairciront jour par jour, c'est l'heure, dis-je, de recueillir le cri, non pas seulement la réflexion, mais le cri instinctif, spontané, d'une nation tout entière, s'échappant au contact même de la passion la plus surexcitée d'un peuple, c'est-à-dire au moment de sa révolution; de saisir ce cri magnanime, fugitif souvent, et de le rendre impérissable et pratique en l'inscrivant dans ce qu'il a de raisonnable, de juste, de saint, de conservateur de la République, dans le préambule de toutes les lois que vous allez faire pour elle.

Messieurs, je sais qu'il est très-difficile, comme le disait hier l'honorable M. Fresneau, comme le répétait tout à l'heure mon adversaire M. Cazalès, de limiter, même dans des paroles, ces principes dont l'un empiète si facilement sur l'autre; je sais qu'il est très-difficile de déterminer, par exemple, la limite entre les libertés que tout individu doit avoir dans une nation républicaine, et la licence contre laquelle la République tout entière doit se prémunir plus qu'aucun autre gouvernement, parce que c'est le gouvernement qui en serait le plus rapproché; je sais qu'il est très-difficile d'établir la limite précise, la définition précise de ce mot, *égalité;* égalité sublime devant Dieu, de toutes les créatures pétries de la même argile, et animées du même souffle, égalité sublime aussi de tous les citoyens devant la loi qui les protége contre toute tyrannie et leur garantit les mêmes droits et leur impose les mêmes devoirs; je sais combien il est difficile d'établir le niveau de cette égalité, et de la séparer de certaines autres égalités chimériques rêvées par des utopistes et présentées sans cesse, non pas comme une amélioration, mais comme une subversion évidente, non pas seulement de la société, mais des lois les plus simples, les plus évidentes de la nature : je sais tout cela. Je sais aussi combien il est difficile à définir, ce mot magique de *fraternité* que nous avons emprunté à l'Évangile de la religion pour le jeter dans l'évangile de la politique, afin qu'il y germe avec les vertus et avec une efficacité nouvelle dans nos institutions futures. (Très-bien !)

J'aurai à traiter tout à l'heure, j'aurai surtout dans peu de jours à traiter dans quelle limite précise, quoique certainement progressive, nous devons enfermer le sens de ce grand et beau mot de fraternité, afin qu'il ne tombe pas comme une dérision de la bouche des hommes d'État sur la tête du peuple, mais afin qu'il ait le même sens et dans le cœur du peuple et dans le cœur de l'homme d'État, afin qu'il porte dans toutes les lois le fruit véritablement populaire, mais en même temps conservateur de la propriété, de la famille, de l'État, qui sont les premières nécessités de notre République : je le sais. Et c'est précisément de cette difficulté extrême, permettez-moi de vous le dire, bien plus que de la perversité qu'on attribue à certains hommes et à certaines doctrines ; c'est de cette difficulté radicale, philosophique, métaphysique, comme on le disait tout à l'heure, que sont nées et que pullulent en ce moment parmi nous ces sectes de toute nature, subversives, non pas seulement de la monarchie, de la République, mais de toute espèce d'association, de communauté et d'existence entre les hommes.

C'est de là qu'est né ce communisme mobilier que vous avez eu à traiter ici il y a quelques jours, l'un des plus dangereux de tous, car il se fait plus petit pour s'insinuer plus facilement dans vos lois. (Vive approbation.)

C'est de là qu'est né ce communisme agraire qui vous prêche avec le ton du sentiment religieux, et, je le crois, avec sincérité, le dépouillement volontaire de la propriété qui serait la stérilisation de toute terre.

C'est de là qu'est né cet autre communisme plus fatal, plus dangereux, plus haï, s'il m'est permis de prononcer, non contre les hommes, mais contre les mensonges, ce mot qui vibre profondément dans ma poitrine depuis que j'en écoute les fatales leçons; c'est de là qu'est né ce communisme forcené qui appelle la propriété un vol, qui déifie, qui théorise, pour ainsi dire, les rapines, et qui commence à semer sur le peuple la nuit de l'athéisme, car l'athéisme est logique, avec la rapine sociale qui est l'oubli de toutes les notions de l'intelligence humaine sur l'homme et sur la morale, afin de créer cette nuit suprême dans laquelle la société ne serait plus que le bouleversement et le chaos. (Bravos prolongés.)

Enfin, messieurs, c'est de là qu'est né (et celui-là, je me sens disposé à le plaindre plus qu'à le haïr) ce communisme, cependant coupable, qui prend un fusil pour une idée, qui prend des cartouches pour un système, qui attaque à main armée la société, la famille, les générations futures, le genre humain tout entier, mais qui les attaque, du moins, avec un certain courage, en présentant sa poitrine, et qui est mille fois moins coupable, peut-être, que les autres, parce que, si les autres ne risquent que leurs sophismes, celui-là, du moins, risque son sang. (Très-bien! très-bien!)

C'est en raison de cela, de l'existence de toutes ces sectes, de toutes ces théories subversives sur lesquelles vous avez besoin de jeter de plus en plus, d'ici, de la presse, du fond de l'Assemblée, de vos discussions, de partout, le jour foudroyant des lumières de la raison et de l'intelligence. (Très-bien! très-bien!); que vous avez besoin d'écrire au sommet même de votre société quelques articles vagues, décousus, précis même, si vous voulez, de codification politique, mais quelques-uns, et le plus que vous pouvez de ces grands et beaux principes permanents qu'il a été donné à l'intelligence humaine, à la philosophie, aux religions, d'arracher, pour ainsi dire, au ciel, afin de les répandre en lumières pratiques, en institutions, en assistance, en soulagements, en propriété, en liberté, en fraternité, en améliorations de tous genres sur l'espèce humaine. (Sensation prolongée.)

Ce n'est que par ces lumières vraies, sincères, divines, célestes, que vous confondrez, que vous ferez pâlir, et que vous verrez s'éteindre enfin ces flambeaux menteurs qui fascinent aujourd'hui, mais pour un moment seulement, les populations qui ne sont qu'égarées. (Très-bien! très-bien!)

C'est pour cela aussi qu'il faut bien s'entendre dans le programme que vous propose votre commission, ou que tout autre amendement viendra vous proposer à cette tribune. C'est pour cela qu'il ne faut pas de malentendu entre nous. Il faut que tous les voiles soient déchirés. Il faut que tous les abîmes soient sondés. La raison humaine n'a peur de rien ; elle a un fondement inébranlable, donné, non pas par des institutions que nous débattons aujourd'hui entre nous, mais par la nature impérissable, par l'instinct même de l'homme. Il ne faut pas même vous tromper sur les opinions que, les uns et les autres, nous apportons à la tribune.

Ainsi, permettez-moi un mot, non pas sur chacune de ces huit ou dix questions qui ont été côtoyées plutôt que touchées tout à l'heure dans cette discussion, mais sur les principales, sur celles qui ont occupé hier plus de la moitié du remarquable discours de M. Fresneau, sur celles qui ont occupé aujourd'hui la parole éloquente de l'honorable M. Crémieux, sur celles qui occupaient tout à l'heure la pensée religieuse de mon honorable ami, M. Cazalès, la question de la propriété, la question du travail. Si vous le permettez, sans les toucher à fond (je le ferai plus tard), je les effleurerai.

Je demande un instant de repos.

Messieurs, je demande pardon à l'Assemblée de lui avoir fait perdre quelques-unes de ses minutes; je vais tâcher de les racheter en abrégeant et en condensant ma pensée autant qu'il me sera possible de la condenser dans une question où l'on sent remuer dans sa poitrine et dans l'âme de l'Assemblée la signification même de la grande révolution dont nous sommes sortis.

Je reprends, en quelques mots, un des reproches que faisait hier M. Fresneau à la commission de constitution, ou plutôt à la révolution tout entière, à la République dans la personne de la commission.

Il semblait douter que la République de Février eût fait d'assez grandes choses pour avoir le droit d'écrire, dans le préambule de sa constitution, quelques formules nouvelles, quelques principes nouveaux, capables de subir le regard du temps et de la postérité. (Bravo!)

Un seul mot à cet égard, messieurs. Non-seulement on a calomnié la révolution de Février dans ses actes, mais on l'a, involontairement sans doute, calomniée, méconnue, dénaturée dans ses principes, qui font et qui feront sa grandeur, sa durée et sa dignité.

Quoi! la révolution de Février n'a pas le droit d'inscrire deux ou trois principes nouveaux au sommet de son Code politique! Quoi! elle serait née muette! Elle n'a rien fait, rien inventé, rien proclamé, rien appliqué dans le monde? Reportez-vous à trois mois de date seulement, reportez-vous à ce que vous disait tout à l'heure mon honorable collègue M. Crémieux, reportez-vous au lendemain même des journées de Février, à l'hôtel de ville. Qu'est-ce qu'a fait, qu'est-ce qu'a formulé, dès son premier cri, cette révolution que vous accusez d'être si mesquine, et que vous voudriez convaincre d'être aujourd'hui si impuissante? Qu'a-t-elle fait? Elle a proclamé le plus grand fait des temps modernes; elle a changé en un seul jour une oligarchie en démocratie complète; elle a proclamé, elle a institué par son premier acte, en abolissant la peine de mort, le principe de la fraternité, qu'elle veut féconder dans ses institutions secondaires. Ce principe de la fraternité, avait-elle ou non le droit de le proclamer? avons-nous ou n'avons-nous pas le droit de l'écrire aujourd'hui?

Qu'est-ce que l'acte d'une oligarchie de 250,000 souverains, dans un pays habité par 36 millions d'hommes, et qui abdiquent librement, généreusement, spontanément, leur part de souveraineté, pour l'étendre à l'universalité du peuple, pour appeler à cette souveraineté collective et égalitaire l'unanimité des citoyens?

Ce dépouillement volontaire, cet appel à la souveraineté, vous n'appellerez pas cela un acte de fraternité sublime, digne d'être inscrit au sommet de votre constitution! (Très-bien!)

Messieurs, je n'abuserai pas plus longtemps, sur cette question secondaire, de l'attention de l'Assemblée. Un mot très-rapide seulement sur la question principale dont je parlais tout à l'heure, sur ce procès terrible aujourd'hui, sur ce procès qui sera vidé bientôt de deux manières, et par la raison souveraine du pays, et par la nécessité même de la nature, entre la propriété et les exigences subversives aujourd'hui, non du peuple, mais de ceux qui l'empoisonnent pour l'enivrer de leurs passions, déguisées en théories.

A cet égard, je suis de l'avis de l'orateur auquel je succède; il faut s'expliquer, il faut s'entendre; quant à moi, je vais m'expliquer catégoriquement. (Marques d'attention.)

On m'a accusé de communisme aussi, et vous avez entendu tout à l'heure comment je définissais le communisme et à quelle distance infinie je tenais mon intelligence et ma raison politique éloignées de ces théories aussi contraires à la nature que funestes à la société. Et cependant, je le répète, on m'a accusé aussi de communisme; sur la foi de quoi? Sur la foi de certaines paroles que je voudrais avoir sous la main pour vous les relire ici, sur la foi d'un fragment de l'*Histoire des Girondins*, dans lequel, remontant au principe chrétien, philosophique et divin de toutes les institutions parmi les hommes, je montrais ce progrès séculaire que font toutes ces institutions, non pas pour se restreindre, pour s'endurcir, pour se murer dans l'égoïsme, mais pour se répandre et pour s'universaliser, et où j'applaudissais de toutes mes convictions, de toute mon âme à cette expansion des bienfaits de la société, au nombre desquels je mettais avant tout la propriété et l'universalisation du droit de propriété, comme l'avaient fait avant moi des hommes dont je ne voudrais pas même vous répéter les noms, hommes qui, dans leur délire et dans leurs passions politiques, n'avaient jamais du moins porté l'aberration jusqu'à nier la propriété, cette expression même de la nature. (Très-bien!)

C'est à tort, certes, que l'on m'a accusé d'abandon du principe de la propriété; car je ne connais pas en France un homme qui *adore* autant que moi la propriété; et je me sers à dessein de ce mot qui paraît élever le sentiment au-dessus de la chose. Je dis que j'adore la propriété, non pas seulement comme mobile de tout travail, comme réservoir de toute épargne, comme stimulant de toute industrie, comme rémunération, comme salaire de tous les travailleurs, comme accessibilité sans cesse présente, sans cesse montrée à leurs yeux, pour les appeler, par l'ordre, par l'économie, par la loi même, à la propriété comme nous; je dis que je l'adore comme principe divin, comme loi de Dieu, et non pas comme loi humaine, comme fibre constitutive de la nature de l'homme, s'il m'est permis de parler ainsi; il m'a été de tout temps impossible de comprendre aucune nature de société qui n'eût pour base cette loi même de la propriété. Dans des écrits qui n'ont pas encore paru, mais qui sont écrits, j'ai étudié, aussi profondément qu'il m'était possible de le faire, la nature métaphysique, quoi qu'on dise, de cette institution sociale, et j'y ai reconnu partout la nature pour ainsi dire divine, non-seulement la sanction que donnent l'homme et la législation à un principe, mais la sanction sacrée que Dieu donne, par un sentiment même, à une institution. (Profonde sensation.)

J'ai reconnu que la propriété n'était pas une loi, mais un instinct, une condition inhérente même à la nature humaine, et qu'il était impossible, sans fausser le sens même de Dieu dans son œuvre humaine, de nier les développements du principe de la propriété. En politique, messieurs..... j'ai beaucoup voyagé (Sourires), et j'ai tâché de retirer quelques fruits de mes voyages..... (Nouveaux sourires.) S'il m'était permis de répondre d'ici à ces sourires, dont je comprends la malveillance, sans chercher à en repousser le sens injurieux ; si je déroulais ma vie politique, intention par intention, acte par acte, pensée par pensée, vous ne souririez pas peut-être à cette ridicule rencontre de mots : « en politique, » rapprochés de ces mots : « j'ai beaucoup voyagé ; » car, quoi que vous en pensiez, vous qui souriez, vous verriez que je n'ai eu qu'une route et qu'un but. (Très-bien ! très-bien !)

Je disais, Messieurs, qu'en politique j'avais examiné aussi ce qu'était la propriété relativement aux autres conditions de l'ordre social, monarchiques, démocratiques, républicaines, despotiques même ; et de ce que j'avais vu sur les lieux, étudié, observé, noté dans l'état même du sol, des villes, des villages, des terroirs, des populations, il en était résulté pour mon esprit cette conviction, à l'état de vérité démontrée, que l'état de la constitution de la propriété, dans tel et tel pays, était l'échelle rigoureuse, était la mesure exacte du perfectionnement ou de la dégradation de la société dans ces pays.

Voilà ce que j'ai vu partout. Ainsi, à partir de la Turquie, et arrivés jusqu'en Angleterre, partout vous pouvez mesurer, degré par degré, l'échelle de la civilisation et de la perfection de toutes les conditions humaines par l'achèvement, passez-moi le mot, des conditions de la propriété dans les différents peuples dont je parle. Là où la propriété était précaire aussi, là où la propriété était intermédiaire et mieux constituée, mieux répartie entre les hommes, vous aviez ce qu'on appelle dérisoirement aujourd'hui la bourgeoisie, ce que j'appellerai, moi, le tronc de l'arbre humain, la force centrale, non de cette grande nation que nous voulons confondre dans un seul être, dont nous ne définissons que métaphysiquement les conditions distinctes ; là, dis-je, où la propriété était répartie dans une masse de propriétaires qui forme pour ainsi dire le cœur, le noyau de la nation, la nation elle-même était plus libre, plus indépendante, élevée à un plus haut degré de force, de dignité vis-à-vis du pouvoir ; là, au contraire, où la propriété était dégradée, où elle était dans les mains du pouvoir, qui la faisait passer comme une monnaie entre les mains de ceux dont il voulait récompenser la corruption ou les services, la propriété elle-même était le signe de la dégradation, et bientôt de l'extinction de cette race, en sorte que, si des ennemis de l'ordre social, n'ayant pas seulement des systèmes, mais ayant des perversités sataniques dans l'âme, des haines inextinguibles contre le genre humain, voulaient faire et veulent lui faire encore tout le mal qu'une société, que le monde moral, social, que l'humanité peut souffrir ici-bas, ils n'ont pas besoin de s'ingénier beaucoup ; ils n'ont qu'à frapper au cœur la propriété : à l'instant même où la propriété s'écroule dans un pays, tout s'écroule, c'est la vie qui est atteinte dans le cœur même ; la société est morte, il n'y faut plus penser. (Bravos prolongés.)

Mais, messieurs, de ce que la propriété est, à mes yeux comme aux vôtres, le fondement même de toute sociabilité durable et régularisée, s'ensuit-il que la propriété, et je reviens ici à certaines expressions du préambule de la commission, qui ne satisfont pas, je le déclare, à toute l'étendue de ma pensée, s'ensuit-il que cette propriété n'est-pas perfectible? s'ensuit-il que cette propriété n'est pas corrigible? s'en suit-il qu'elle ne peut pas recevoir des conditions de libéralité générale, d'expansion plus universelle, et, en les recevant, se fortifier, messieurs, au lieu de s'amoindrir?

Pour moi, le fait est démontré, et c'est par là que je touche, en deux mots, à la question de travail.

On vous dit : Ecrivez-vous le droit au travail d'une manière absolue, d'une manière abusive, et, passez-moi le mot, absurde et ridicule? Ecrivez-vous (et on vous défie de le faire avec raison), écrivez-vous que tout individu, sur la surface du sol, a droit à toute nature de travail? Mais ce serait écrire du même mot l'absorption de tout capital par l'impôt, et l'anéantissement même du capital, c'est-à-dire l'anéantissement absolu du travail; car je ne pense pas qu'il y ait personne ici qui soit de la nature de ces esprits égarés qui prêchent au peuple l'anéantissement du capital, afin de multiplier le travail; le tarissement de la source, afin de multiplier l'eau. (Applaudissements.)

Voilà leur logique ! Jamais raisonnement n'est descendu plus bas. (Très-bien ! très-bien !)

Non, ce n'est pas là la nature du travail que beaucoup d'esprits sages, émanés comme moi de la révolution de Février, mais voulant à la fois conquérir la République et la contenir dans les seules limites où la République puisse durer, c'est-à-dire dans les limites où la République offre des garanties, non pas seulement à telle ou telle classe ondoyante, souffrante, flottante de la société, mais à toutes les classes invétérées, enracinées, propriétaires, industrielles, à toutes ces classes dont l'universalité, depuis notre République, doit former, sans exception, l'unité du peuple, selon la pensée de Février. (Très-bien !)

Non, messieurs, nous avons voulu dire et nous pensons que, quand les prolétaires, cette classe si nouvelle dans la société, par suite du phénomène industriel qui les a, non pas produits, mais multipliés trop malheureusement ; quand cette classe de prolétaires, dans des circonstances fatales, exceptionnelles, par des chômages, par des misères unanimes, par des besoins de travail qui ne seront pas satisfaits par les conditions ordinaires des industries, par des infirmités, par un nombre d'enfants excédant les forces de la famille; quand, par toutes ces conditions de force majeure, d'accidents supérieurs à la prévision humaine, des hommes sur la surface de la République manqueront de pain, nous reconnaîtrons pour eux le droit au travail ; j'entends par là, messieurs, le droit à l'existence, (Très-bien!) le droit de vivre, c'est-à-dire le droit au travail en cas de nécessité démontrée et à des conditions de salaire inférieures au taux des salaires privés, en sorte que nul individu ne puisse offrir ses bras sans trouver du pain, ou souffrir sans être soulagé sur la surface de la République.

Le travail privé est le seul qui puisse nourrir des multitudes infinies d'hommes, des millions d'hommes. Mais quand cette condition du travail ordinaire viendra à faillir, la République, fondée sur ces grands et saints principes de fraternité que contestent si malheureusement des hommes plus attachés, par leur situation et par leurs vertus, que nous à la promulgation divine de ces principes qu'ils rejettent, non du cœur, mais de la bouche, à cette tribune, par un malentendu de mots et non de sentiments; quand ce malheur arrivera à ceux que nous devons relever peu à peu de la situation de prolétaire, et à qui nous devons la vie, la République, je le répète, ne se croisera pas les bras et ne répondra pas à ces hommes : Mourez si vous voulez, vivez si vous pouvez.

J'entends qu'une des vérités promulguées au profit du peuple tout entier, au profit des propriétaires, sachez-le bien, autant que des prolétaires, mille fois davantage, car si la propriété se défend par des lois, elle se défend bien davantage et bien autrement par ses bienfaits et par ses vertus; (Très-bien! très-bien!) je dis que, dans des conditions de détresse pareille, accidentelles, déterminées, surveillées par la loi, vous devez hardiment, avec ces conditions définies, écrire le droit de ces citoyens au travail. Et je m'étonne, en finissant, qu'un homme, qu'on me disait hier et que je crois être profondément religieux, car je le voyais applaudir sur son banc à ces paroles du vénérable évêque d'Orléans, qui vous recommandait la religion comme base, comme pivot de toute sociabilité, je m'étonne, dis-je, qu'un esprit comme le sien, aussi lumineux, aussi logique, aussi pénétrant dans toute la profondeur de toutes les questions qu'il se l'est montré hier à cette tribune, ait repoussé avec une inflexibilité de paroles qui n'appartient ni à l'âge de la foi, ni à l'âge de l'espérance qui est celui de ses années, (Très-bien !) des principes qui, s'ils étaient glacés, refroidis, dans nos cœurs, dans le cœur des hommes qui ont déjà des cheveux blancs, devraient se retrouver dans toute leur fécondité, dans toute leur vivacité, dans l'âme de cette noble jeunesse à laquelle j'ai la douleur de rappeler en ce moment ses sentiments les plus naturels. (Vive approbation.)

Je n'irai pas plus loin ; je réserve pour la discussion prochaine des articles, ou pour quelque amendement, que j'apporterai demain moi-même à cette tribune, à la rédaction du programme, les considérations plus étendues que j'aurai à débattre; mais je ne veux pas descendre sans ouvrir pour ainsi dire mon âme à l'Assemblée ; je ne veux pas descendre sans dire à mes amis, comme à mes adversaires de tous les bancs, dans cette question, ce que j'éprouve depuis ces deux ou trois mois, à propos de cette question du prolétariat, du travail, de la propriété, des conditions ou généreuses ou dures dans lesquelles on veut ou la répandre ou la rencontrer. (Mouvement d'attention.)

Où en sommes-nous venus, messieurs? et qu'il y a loin de nous aujourd'hui, du peuple d'aujourd'hui, à ce peuple généreux, magnanime, qui nous apportait gratuitement ses bras, son obole, les gouttes de ses sueurs à l'hôtel de ville, en offrande à la patrie, à la République, en garantie à la propriété ! Qu'est-ce que nous entendons depuis ces malheureuses controverses, et de la bouche de ceux qui fanatisent ce peuple pour tout ce qu'il y a de plus vil, de plus animal, de plus matériel, et de la bouche même de ceux qui les combattent, des économistes d'une autre école sur ces malheureuses thèses de travail et de propriété ? Pas un mot de spiritualisme, pas un mot qui dénote une de ces aspirations généreuses au-dessus des questions purement alimentaires ? On dirait que la société humaine en France ne se compose à leurs yeux que de pain et de viande, et que toute la civilisation d'un peuple comme nous se borne à des espèces de rateliers humains, où il s'agit de trouver le plus de places possibles, et de donner à chacun une part exactement pesée, de manière à ce qu'aucune ne soit ni plus forte, ni plus savoureuse que celle de son voisin. C'est là un grossier et abject matérialisme qui ne fera jamais produire les grandes choses, les grands dévouements à une nation! (Très-bien! très-bien! — Longs applaudissements.)

Et que doivent dire de nous, me disais-je silencieusement à moi-même, sur mon banc, en écoutant ces discours, en lisant ces journaux, ces affiches! que dira l'histoire à la postérité qui nous attend? Mais qu'est-ce que ce peuple français, le peuple des idées, avait donc fait de son âme en ce temps-là? dira-t-elle. Où donc était l'inspiration immatérielle, spiritualiste de cette grande révolution et de ces immortelles discussions? car enfin il faut une âme à un mouvement pareil de l'humanité; et qu'elle se répondra : Mais je n'en vois pas; je ne vois que de misérables chiffres se heurtant contre d'autres misérables chiffres. Je n'entends que des questions de boire et de manger, de spolier, de conserver, d'attaquer, de défendre, des questions purement alimentaires, des questions de produit net, de spoliation par les uns, de retenue avare et cupide par les autres; pas une pensée qui dépasse les limites des comptoirs, de l'industrie ou des champs! En vérité, il semble que vous pourriez effacer ces trois mots magnifiques que nous nous proposons d'inscrire sur le frontispice de votre constitution, liberté, égalité, fraternité, et les remplacer par ces deux mots immondes, *vendre et acheter*. (Sensation. — Applaudissements prolongés.)

Eh bien! nous laisserons-nous plus longtemps tromper? nous laisserons-nous plus longtemps diviser? nous laisserons-nous plus longtemps amoindrir, avilir ainsi aux yeux de l'Europe et de la postérité? Non! non! c'est assez de matérialisme comme cela? Revenons au noble élan du peuple de Février et de nous-mêmes! (Mouvement.) Je crois à la divinité de l'âme française! (Très-bien! très-bien!) Je sais, je comprends qu'elle est momentanément comprimée, glacée par la panique que des prédications malfaisantes et des passions, hélas! plus aveugles encore que perverses, ont répandue sur l'atmosphère du pays, et par les craintes mal fondées qu'on donne à la propriété aussi solide que le sol, aussi impérissable que la nature! (Oui! oui!)

Mais l'âme de la France reprendra son élasticité avec la confiance qui lui revient jour à jour. Quelle est donc la force humaine qui pourrait exproprier le genre humain? Nous ferions des barricades aussi, et nous ferions bien, car vous m'attaquez avec des sophismes, et je me défends avec des instincts ! Oui ! l'âme du peuple reprendra sa sérénité; la vôtre, sa générosité; car vous êtes la tête et le cœur du peuple. (Marques d'approbation.)

Protestons, nous, en attendant; protestons avec énergie pour ces déclarations de principes et d'humanité qu'on nous refuse avec une si aveugle persistance ! Protestons pour nous, pour nos enfants, pour notre époque, pour l'avenir, pour notre justification d'avoir fait une révolution ! (Très-bien ! très-bien ! — Longs applaudissements.)

Rattachons à un principe spiritualiste, moral, religieux, divin; rattachons à Dieu, chaînon par chaînon, toutes les déclarations sommaires comme toutes les réalisations populaires, pratiques, que nous devons à Dieu qui les inspire, et à ce peuple aussi, à ce peuple de frères, qui a donné son sang à la révolution, et à qui nous devons rendre cette révolution en bienfaits !

www.ingramcontent.com/pod-product-compliance
Lightning Source LLC
Chambersburg PA
CBHW070444080426
42451CB00025B/1452